뻐꾸기가 한낮에 우는 이유

정연숙 시집

문학의전당 시인선
351

빼꾸기가 한낮에 우는 이유

정연숙 시집

문학의전당

시인의 말

복사꽃 그늘 아래서
시집을 읽다가 여기까지 왔다.

하여,
내 시의 절반은
복숭아나무의 몫임을 안다.

그 마음으로
겸손하게
나의 길을 갈 것이다.

2022년 초여름
정연숙

차례

제2부

제3부

제4부

제1부

독새풀

독새풀을 뜯는다

엉거주춤 등 굽은 허리
남은 한 포기까지 찾아내 뿌리째 뽑는다
날카로운 잎사귀에 손가락이 베어
뚝뚝 핏물이 떨어진다

며칠만 지나면
무릎 높이로 수북이 올라와
독사보다 더 독하게 고개 쳐들던
독새풀은,

순한 사람도
독한 사람으로 만들어버리는
독사풀이다

무당벌레

비닐봉지에 싸맨 단배추 한 묶음
냉장고에 넣었다

며칠 뒤 꺼내보니 무당벌레 한 마리
기어나온다
이 추운 데서 살아있었다니 놀랍다
끈질긴 목숨이다

최소한의 신진대사로
삶을 유지했을까

조심스럽게 손등에 올려놓고
푸른 하늘로 날려 보냈다

살려고 발버둥 치는 사람도 있고
죽으려고 몸부림쳐도 사는 사람이 있다

허물을 벗는 동안

뒤꼍 도라지 밭에
길게 벗어놓은 뱀의 허물
몸은 어디로 갔는지
빈 흔적만 남겼다

어디서 본 듯하다
거실 바닥에 벗어던져진 채 남겨진 바지
몸은 어디로 갔는지
두 다리가 빠져나간 자리
동그랗게 그대로 남겨졌다

사는 것은 허물을 벗는 일
벗으면서 차오르는 속살처럼
그렇게 우리의 생도 지나간다

삶은
허물 벗은 몸을
햇볕에 잠시 말리는 시간

독(毒)이 된 말들

우물가 맷돌에서 불린 콩을 간다
걸쭉해져 젖빛이 된 콩물을
큰 가마솥에 쏟아부어 장작불을 지핀다

몽글몽글 떠오르며 서로 엉기는 것이
예전 너와 나의 사랑이다
몸놀림이 부산하다

몇 방울의 간수*를 떨어뜨리자
일순 적막이 흐른다
한 몸이 되어 뒤엉킨다
아, 간수는 독인데, 독을 넣다니!
마음이 어지럽게 흔들리고
순두부 응어리들 자루에 담아
주둥이 꽁꽁 묶어
널빤지 깔고 올라선다

말랑말랑 김이 나는 두부

가로세로 반듯하게 썬다
눈 질근 감고 독을 먹어본다

살면서 조금씩 독이 된 말들
독이 든 엄마의 말들이 피부 깊숙이
뼛속 깊숙이 켜켜이 쌓인다

아아, 간수(看守), 간수
독이 된 말들이 나를 키웠다니

*간수: 어떤 대상을 보살펴 지킨다는 뜻인 간수(看守)와 두부를 만들 때 넣는 소금물에서 식염을 결정화(結晶化)시킨 뒤에 남는 액체인 간수(bittern) 등 뜻이 중첩된 말이다.

수목장

은해사 작은 동산
서쪽으로 흘러가는 구름을 보며
소나무, 저희들끼리
서로 기대어 서 있다

통나무 계단 오르자
소나무 가슴에 이름표 달고 있다
미타 365 최○○ 나무
미타 392 김○○ 나무
미타 402 백○○ 나무

태어나면서부터 손목에 칭칭 감긴 이름표가
죽어서도 그대로다

어린 소나무들도
누군가의 이름표를 기다리고 있다

헌혈

낮의 키가 한 뼘 정도 길어지면
황학산 고로쇠나무들은
일제히 나뭇잎 쪽으로 물을 퍼올린다

해발 칠백 미터 황학산 능선 따라
고로쇠나무 가슴에 주렁주렁 달린
수액 줄기를 보면
예전 어느 병원이 생각난다

아직 매서운 입춘 바람
온몸으로 막아
우수의 찬비 고스란히 받아내어
나무마다 헌혈 주머니 하나씩 매달고 있다

뒤뚱 기울어져 걷는 안 노인
구멍 숭숭 뚫린 뼈라도 좋아졌으면 좋으련만
양팔 쭉 뻗어 오체투지 중이다

장정소포*

한낮의 더위 비껴간 저녁
'부모님께 보내는' 소포 하나 받았다

박스 속은
얌전히 개어 있는 반팔 셔츠 반바지 양말
모자 운동화가 반듯하게 들어 있다

하나씩 꺼내어 만지다
운동화를 보면서 갑자기 솟구치는 눈물
깊숙이 배인 아들의 땀 냄새
온몸으로 스며든다

오래도록 안고
쓰다듬는다 빈 신발뿐인 아들
신발장 문을 닫는다

멍하니 허공만 바라보다
생각이 꼬리를 물고 길게 늘어진다

좀 더 안아주지 못한
미안한 마음
사선을 넘는다

---

*장정소포: 군대에 간 장정이 사복을 집으로 보내는 소포.

똬리

부엌 찬장 제일 위 칸
똬리가 앉아 있다

모내기철 새참 내갈 때
정수리 위에 앉아
광주리 무게를 고스란히 받아내다
납작해진 똬리

머리는 없어도
밤길을 잘만 인도하던 똬리

우리 집 찬장 속에는
독 없고 순한
뱀 한 마리가 살고 있다

신기한 요술

몇 년 입은
와이셔츠
빨아도 목이 누르스름하다

아버지 밭일 때 입으시라고
갖다 드렸다

얼마 지나 들른 집
와이셔츠 눈부시다
아버지 목덜미가 하얗다

어머니 손끝이
요술을 부렸나 보다

저 하얀 옷의 목덜미
세상이 환하다

엄마의 뒤꼍

정지 뒷문을 열고 나가면
호박꽃 같은 웃음을 맞이하는
엄마의 뒤꼍이 나온다

그 뒤꼍에는 밥 지을 때
한 종지씩 모아둔 좀도리 단지가
귀하게 앉아 있고

누룩으로 빚은 할아버지의 약주가
보글보글 김을 내며 익고 있다

움막집 속
깊게 묻힌 반질반질 항아리마다
배추김치 고춧잎김치 깻잎김치 무말랭이가
모락모락 삭혀 간다

돌배나무 그늘에 앉아
공기놀이를 하다 심심해질 때면

엄마의 뒤곁에 들어
몰래 마음을 묻어두곤 했다

그 항아리 속 엄마의 손맛은
아직도 진하게 엉겨 붙어 익어가고 있다

저승으로 간 틀니

누가 볼까
어깨 잔뜩 웅크린 우물가에서
조심스레 틀니를 씻는다
뒤돌아서 들킬까
몰래 틀니를 씻는다

지금 저승에서도
저렇게
틀니 씻고 계실 것이다 내 어머니는

고두밥 생각

술 항아리가 비었다 싶으면
뒤곁이 허전하였다

텅 빈 술 항아리 걱정에
뒤곁이 소란하였다

고슬고슬 고두밥 찌는 소리에
뒤곁이 환하였다

왜 고소한 밥으로 쓴술을 만들까
할아버지는 왜 쓴술을 좋아하실까

뒤곁에 앉아
궁금해 하였다

엑스레이 사진

양쪽 갈비뼈 사이가 시커멓다
너무 뚜렷하다

그것을 핀셋으로 끄집어내
긴 호스에 넣은 증류수로 헹구고 싶다
깨끗하게

어느 삼월
흰 눈처럼 떨어지는 벚꽃 소복이 쌓이듯
그사이 몸은
문경 어느 탄광의 검은 탄가루
켜켜이 쌓여 갔는지

묵묵히 걷던 이 길
어디쯤에서 언제 끝날지도 모르는 일
그래도 멈출 수 없다
가슴으로 온통 안고 간다

진남교에 벚꽃 쌓여가는 봄날
문득 그의 폐가 궁금하다

새로운 연애

추울까 더울까
아침마다 일기예보 본다

백령도 날씨 흐림
백령도 날씨 폭설

아침, 눈뜨면
마음 먼저 달려간다
잠 속에서도 밤새 뱃멀미를 한다

새빨간 명찰 달고
서해 경계에 하염없을 네게
그리움을 보낸다

사랑은 가슴앓이인가
오래전 연인으로 아픈 가슴이
수십 년도 더 지나
이토록 또 찾아오다니

너를 기다리는 동안
또 이렇게 철이 들어갈 줄을

빨간 명찰

매서운 바닷바람 불어오고
보고 싶은 마음 서둘러 온 섣달
연병장은 텅 비어 있다 괜히 눈시울 붉어지고
애써 입가에 웃음 띠운다
기쁜 날 눈물 보이지 말자 다짐하면서

돌아서서 손등으로 자꾸 찍어내고
찬바람 맞으며 서서
목도리 다시 감고 코트 깃 여민다

빨간 명찰 군복들 나온다
군가 부르며 줄지어 나오는
훈련병들, 저 안에 내 아들도 있거니
순식간에 연병장에 가득 모인 훈련병들
다 내 아들이다

해병이었던 오빠
귀신 잡는 해병이라고 자랑하며 부르던 군가

아직 그대로다

여리디여린 아들 어디에 황소고집 있었던가
씩씩하게 팔각모 쓰고
대견하게 힘든 고비 다 넘겼구나

너의 빨간 명찰이
내게 자랑이 되었다

시엄씨

돌배꽃 하얗게 핀 봄날
돌배나무 꽃그늘 아래
옹기종기 친구들과 공기놀이 할 때

마당을 느리게 가로질러 가던 할아버지
'장래 시엄씨 마않다!'

어떻게 아셨을까
며느리가 시엄씨 된다는 것을
며느리 되어보니 알겠네

한 세월
정말 잠깐이라는 것도

제2부

탕약

뒷마루에 앉아
아버지 숯불 피우는 것을 보았다

무슨 큰일이나 하시는 것처럼
얼굴 근육을 잔뜩 굳히고
아버지는 약탕관에 연신 부채질을 했다

유독 병약한 막내 여식 살려보겠다고
모든 것을 탕약에 걸었으리라

그리곤
긴 하루가 지나갔다

약탕을 거쳐 진하게 우려낸
아버지의 즙액(汁液)을 마셨다

한 방울이라도 남길까 봐
아버지는 끝까지 약사발에서 눈을 떼지 못했다

정화수

오십 리 길 시내로
상급학교 진학을 고집부릴 때
선생님은 말렸다 가까운 곳에 가라고

아버지와 교무실에 들어가
미리 집에서 다짐하고 온 말을
되풀이하신다

선배 언니 자취방에 묵으며
시험을 봤다 합격자 명단에 없으면 어쩌나
새까맣게 적힌 이름들 속에
내 이름 석 자
그제야 마음 쓸어내렸고

집으로 가는 길
두 번씩이나 차를 갈아타고
진눈깨비 시골길은 어둑하게 저물었다
자랑스럽게 앞마당 들어서다

온몸이 스르르 무너졌다

오오, 내 어머니는
우물가 장독대 위는 흔들리는 촛불 하나
정화수 떠놓고 빌고 있었다

아버지의 등짐

아버지의 등짐 위에는
계절마다 다른 꽃이 피었다

하루의 피곤과
자식의 사랑
저물녘 마당에 들어서는 등짐 속엔
빨간 산딸기 한 줄기 드리워져 있었다

평생 농사 일로 굵어진 손마디
아버지의 등짐 높이가 높아질수록 우리들은
마당의 나무처럼 쑥쑥 커갔다

늦도록 오지 않는 아버지 걱정에
어둑한 밤길 마중 나가면
저 멀리 산 하나 다가서듯 묵묵히 걸어오는
희미한 그림자

평생 한 몸이었던 지게는

홀가분히 벗어던져진 채 비스듬히 흙담에 기대어
비를 맞고 있다

지게는
평생 잊지 못할 내 아버지의 모습으로
저기 기대어 서 있다

매화는 왜 피는가

소공원 앞 연분홍 벚꽃 활짝 피었다
세상이 환하다

저승에서 이승으로
아버지가 피워 올렸을지도 모를 저 꽃들
가까이서 보니 매화다

처녀 적 완행버스 타고 돌아오던 길
먼 산등성이
복사꽃 보고 왈칵 울음 터뜨렸던 기억
여기서 만난다

몇 번이나 더 설렘을 가질 수 있을지
여기 꽃 핀 자리 몇 번 더 오게 될지
내 인생에 덤으로 핀 저 매화

달빛이 환하다

저 나뭇가지에 누가 풍등을

봄날, 저 나뭇가지에 달린 풍등(風燈)
누구의 소원을 달아매었나

등불 하나 둘 켜지면
슬며시 나도 등 하나 달고
간절함을 풀어 넣는다

겨울 지나고
웅크렸던 마음들 활짝 펴지면
모두들 나무 아래 곱게 합장(合掌)이다

사람들 마음속마다
풍등 하나씩 불 밝히는 소리 듣는다

참깨를 볶으며

참깨를 볶는다

달궈진 프라이팬에 깨를 앉히고
주걱으로 저어준다
깨들이 슬슬 움직이기 시작한다
고소한 냄새가 집 안 가득 퍼지고
저 살던 산밭까지 날아간다

까불까불 까부는 아이같이
드디어 튀어 오르기 시작한다
스카이콩콩 뛰는 아이같이

튀는 아이를 주저앉히려 했다
여러 갈래 길을 두고
바른 길을 고집했다

가고 싶은 대로 가게 놔둘 걸
튀어 오를 대로 튀어 오르게 두고 볼 걸

성급한 마음에 불을 줄인다
주저앉힌 깨들이 식어간다

마당에 망아지처럼 뛰어다닐 때
어머니는 끝내 날 주저앉혔다
사람 나대면 아무짝에도 못쓴다며
내 어깨를 지그시 눌렀다

코뚜레

마당을 천방지축 뛰어다닌다
툇마루에 안방처럼 올라앉아 있다
뿔이 나려는지
머리를 슬슬 짚더미에 문지른다

첫 생일에
아버지는 다래나무 껍질
정성스레 벗기고
반질반질해지면 불에 달구어
둥글게 휘어
한쪽 끝을 뾰족하게 만든다

옆집 아저씨와
두엄더미 옆에서 목에 밧줄을 걸고
코뚜레를 끼웠다
코에서 흐르는 홍건한 피
이게 소의 성년식인지
코뚜레 꿰이는 순간

소의 운명이 시작된다

나는 아직 코뚜레 꿴 적 없다
다만 스스로 자신을 옭아매고
생각을 안으로 조이며
벗어나지 못했다

아부지 생각

논둑길은 구부러져 있다
아부지의 등도 둥글게 말려 올라
구부러졌다

아부지는 무엇이든
둥글고 구부러지게 만든다 무디어진 삽날도
숫돌도 휘어 구부러졌다
싸릿대 구부려 둥근 채반도 만드셨다

더 낮게 세월을 살아
더 낮은 자세로 세상을 바라보시다
마지막까지 허리 구부리고 가셨다

둥글고 구부러진 논둑길을 볼 때마다
당신 생각이 났다

몽당 빗자루

수숫대 엮어 가지런히 놓고
아버지 낡은 양말 손잡이로 입혀
땡글땡글 단단하게 만들었다

긴 세월 동안
크고 작은 욕심으로 가득한 마음 쓸어내다
앙상하게 남은 뼈대
성근 그 자리에 어머니 들어와 앉으신다

수숫대처럼 수수하게 살다가
고된 시집살이 마감하고
수수밭머리에 묻히신 어머니

빗질할 때마다
내 손으로 전해지는 거친 질감이
넓고도 깊다

뻐꾸기가 한낮에 우는 이유

함지박 이고 가는
언니 뒤를
찌그러든 주전자 들고 따라 나선다

구불구불 좁다란 논둑길 위로
넘어질까 조심스레 종종걸음 치면

일하다 만
흙 묻은 손 털고
반겨주는 어머니

함지박 앞에 둥그렇게 모여 앉은
동네 어른들

보리밥 한 숟갈 움푹 파
허공으로 고수레
한 그릇 밥 뚝딱 해치우면

논두길 위에
따순 인정이 꽃핀다

멀리서 뻐꾸기 울음소리
한나절이 기울고 있다

돌배나무 집이 그립다

돌담 사이로 우물 보이고
싸리대문 마당이 넓은 집

우물가 앵두나무
봄마다 앵두꽃 뽀얗게 물들이면
부산하게 오가는 엄마의 옷자락 소리

마당가 돌배나무 더 하얗게 흰 꽃 피워
온통 마당은 꽃비가 되고
늦은 저녁 집으로 돌아올 때
소복한 여인네처럼
흰 꽃 환하게 길을 밝혀 더 가까이 보이는 집

밤새 소복이 눈이 쌓인 장독대
댓돌에 벗어놓은 신발 속에도 하얀 눈
소복이 적시던 날
까치밥 몇 개 남아 더 붉게 물들이던 감

아버지 눈길을 내어주면
그 길을 강아지처럼
마냥 좋아라 폴짝폴짝 뛰던

하얀 옷 뒤집어쓴 돌배나무 가지 위로
쇠죽을 끓이며 아버지가 만드신 저녁연기
곱게 올려 보냈다

꿈속에도 돌배나무 그 집
내 마음속 언제나 그리운 그 집

시금치를 데치며

풋풋하고 싱싱한 시금치를
끓는 물에 살짝 데치고
차가운 물에 헹구어 물기 꼭 짠다

시금치 데친 뜨거운 물을 버리려는데
문득 어머니 말씀이
귓전에 들린다

"야야, 뜨신 물 하수구에 버리지 마라. 지렁이 눈먼다."

뜨거운 물 버리려고 하면
언제 오셨는지 등 뒤에서 나직이 일러주시던 어머니
생명의 소중함을
한낱 미물에게도 빗대는 내 어머니는
남을 더 생각하라시는
더없이 넓은 불교경전 같았다

나는 재빨리 찬물을 부어 식힌다

쥐불놀이

대보름날
앞산 위에 보름달 떴다
왁자지껄 아이들 소리

구멍 뚫은 깡통으로 도깨비불을 돌린다
돌리고 돌려서 만들어진
저 동그라미는 하늘까지 닿을 듯

우르르 땅을 뒤흔들며
이 골목 저 골목 뛰어다니다
보름달 더 가까워지도록
농산 위까지 올라섰다

아침부터 더위 팔러 나온 아이는
보름달 아래 밤늦은 줄 모르고
도깨비불과 논다

팔월 복숭아밭

복숭아밭은
흘러내릴 듯한 붉은 복숭아들에
잎마저도 온통 붉다

상긋한 그 향기들 이웃마을까지 날아가
사람들이 모여들었다

자루에 담긴 겉보리
그 보리보다 몇 배 많은 복숭아를
엄마는 자루 주둥이가 터질 듯이 담아주고

빈손의 아이들은
복숭아밭 주위 애꿎은 풀숲만 헤집고 다녔다

그 여름날 그 아이들의 눈빛을
세월이 한참 지나서야 읽는다

엄마의 후덕한 인심 뒤에

흘러내릴 듯한 복숭아 애처로이 쳐다봤을
친구의 애절한 눈빛들

며칠 전
머리 희끗하여 만난 고향 친구들
여전히 투박한 손 내밀며
어이, 복숭아집 딸! 한다

북어

북어 한 마리 매달려 있다
뱃속이 텅 비었다

젊은 날의 끓는 피도
힘찬 꼬리 흔들던 근육도
다 녹아 없어졌다

종갓집 장손으로 태어나
일제강점기 만주 벌판 헤매고
육이오 전쟁 때 보급부대서
강원도 전투 몇 번이나 더 헤매며

어떤 고난도 거뜬히 일으켜 세우고
긴 날을 살아오신 아버지

텅 빈 북어 뱃속에
오글오글 남매들이 들어앉았다

제3부

해 뜨는 사진관 1
—마음의 눈을 떠요

사진을 찍을 땐 한쪽 눈을 감으세요
한쪽 눈은 눈동자를 보고
감은 눈은 마음을 보아요

그래서 난 한쪽 눈을 제대로 감는 연습을 해요
그러면 그 사람의 마음이 내게로 와요

그리곤 훈훈한 마음을 불어넣어요
사진을 찍는 동안
고요함 속에 두 사람 무수한 말들을 주고받아요

찰칵하는 찰나
우리는 마음의 눈을 떠요

해 뜨는 사진관 2
—증명사진

허리 구부정한 할머니 한 분 들어온다
다리를 끌며 절뚝인다
이도 죄다 빠졌다

할머니가 내미시는 흰 종이
주민등록증 분실 사진 한 장!
은행에서 돈도 못 찾으셨단다

천으로 된 작은 동전 지갑 속에서
오천 원 한 장 오백 원 동전 네 개 내밀며
자, 여기 만사천 원!
우기신다

새색시처럼 이쁘게 잘 찍어 사진을 드리자
주민등록 발급 비용 오천 원이란다
도로 오천 원 내드렸다

아픈 다리 끌며 읍으로 가신다

언제 또 은행 가고
해 지기 전에 집에는 가시려나

하루 종일
할머니가 내 머릿속을 헤집는다
피곤해 누운 꿈에서까지

해 뜨는 사진관 3
—슬픈 사람들

등에 번호표를 붙였다
떨어질세라 옷핀으로 꼭 집었다

포승줄에 묶인 듯
차에서 줄줄이 내려온다
무슨 죄를 지었을까
얼굴로는 자신을 알릴 수 없어
등이 말을 한다
임○○, 안○○, 이○○
이름을 놓칠세라 등만 보고 접수한다

해맑은 얼굴들이 안쓰럽다
지금 찍히는 증명사진은
생을 붙들고 있을
질긴 증명서 한 장에 쓰일 것이다

그들은 등으로만 말을 하고
혼자서 문을 열 수도 닫을 수도 없이

그냥 실려 간다

슬픈 날의 얼굴이다

해 뜨는 사진관 4
—나는 누구인가

이른 아침 사진관 문 열자
머리카락 하얀 할아버지 한 분 들어온다
아흔둘 되셨단다

증명사진 받아들고
잘 나왔다며 연신 절을 한다

한낮에 젊은이 한 명 들어선다
촬영 후 나온 사진을 보며
이게 뭐냐고, 연신 투덜대더니
사진 값이 비싸다나
한동안 옥신각신했다

자기주장 강하고 겁나는 것 없는
신세대 앞에서
연신 머리 조아리며 쩔쩔매는
나는 누구인가

해 뜨는 사진관 5
—봄

왜관 전통시장 좁은 골목길
미용실 앞 들마루
노인 몇 분 앉아 있다

꽃무늬 스웨터 입고 있다
벽돌 한 장 싣고 유모차에 의지해 온 듯
비스듬히 놓여 있다

빙 둘러앉아 화투 친다
번쩍 든 오른손이 힘차게 내리친다

화들짝 놀란 목단이
꽃을 피운다

꽃무늬 스웨터가
빨갛게 웃는다

카메라 셔터 누르듯

햇살 맑은 날
빼곡히 들어앉은 옷장을 정리한다
아이 배냇저고리 나왔다
내 손바닥 안으로 쏙 들어온다

돌멩이 들춰가며
도랑에서 가재 잡던 아이는 훌쩍 커서
내 곁을 휵 지나갔다

쫓기는 아침시간에
신발 한 짝 벗겨진 줄도 모르고
강제로 유치원 노란 차에 밀어 넣던
철없던 엄마

카메라 셔터 누르듯
살아가는 일이 찰나(刹那)인가
어느새 훌쩍 커
현관문 열고 성큼 들어올

키 큰 저 군인 아이

배냇저고리 품에 안아보고
옷장 속 깊숙이 고이 접어 넣는다

교복을 다리며

하얀 빛깔이 눈부시다
다리미가 지날 때마다 쫙 펴지는 주름
일주일에 한 번씩
이 시간이 기다려진다

누군가를 기다린다는 것
사랑하는 연인을 기다리는 것과는 또 다른
풋풋한 마음이다
내가 누군가를 위해줄 수 있는 사람이구나,
내 손길이 갈 수 있는 것을 위안하며
스프레이를 뿌린다

교복 벗을 때쯤이면 훌쩍 자라
내 손길도 떠나겠지 교복 다리는 즐거움도
없어지련만, 쫙 펴지는
주름살처럼 걱정도 다 지워버렸으면
아들 교복에다 내 마음을 얹는다

갓바위* 오르며 흘린 땀방울도,
부처님 앞에 엎딘 백팔 배보다 더 뜨겁게
나는 반듯해진다

---

*갓바위: 경북 경산군 쪽의 팔공산에 있는 부처바위. 학업, 취업, 건강, 득남 등을 위하여 많은 사람들이 찾아와 기도를 드리는 명소이다.

가끔 아픈 말

이른 아침 동회관
스피커에서 흘러나오는 새마을 노래에 눈을 뜨고
책가방 메고 오리 길 걸어 학교 간다
산등성이 지나 시냇물 징검다리 건너
무궁화 담장이 있는

학교 파하고
노래를 흥얼거리며 오솔길 지나
동네 어귀 길섶에 아저씨들 빙 둘러 모여
공사가 분주하다

막걸리잔 기울이는 아저씨
선산 장날 장사치처럼 서서 떠드는 아저씨
흙물에 발 담그고
허리 구부정 돌멩이 파내시는 아버지
왜 아버지만 힘들게 일하시는지 화가 치민다

늦은 저녁 아버지께

다른 아저씨들 노는데 왜 아버지만 일하시냐고
누군가는 해야 될 일인데
내가 하면 어떠냐고

누군가 해야 될 일인데 내가 하면 어떠냐
그 말씀이 내 좌우명이 되었지만
가끔은 나를 아프게 한다

빛나는 것들

적십자병원 담벼락 아래는
바람도 막아주고
햇살 한 움큼 내려주어
노점상들에겐 금싸라기 자리다

창문 너머
군(郡)에서 나온 단속반에 쫓기어
서로 밀치며 달아나는 소리
왁자하게 싸우는 소리

새벽 차 타고
깨 한 됫박 가져온 할머니가
바닥에 흩뿌려진 깨알을
주섬주섬 줍고 있다

금모래처럼 빛나는 깨알들
자세히 보니
빛나는 것은 깨뿐만이 아니다

치맛자락 밑
몇십 리나 바삐 왔을 새하얀 고무신코가
난감하게 빛나고 있다

빨랫방망이

우물가 귀퉁이 빨간 비늣갑 위
성불(成佛)한 물고기 한 마리 누워 있다

산사(山寺) 대웅전 부연 끝에 매달려 있을
물고기가
두 눈 부릅뜨고
우물 옆에 내려와 있다

제 몸을 공양하여
때 묻은 걸레 수건 옷가지들
말갛게 빨아놓았다

야월 대로 야위어 뼈만 앙상하다
온통 상처투성이다
죽은 나무에서 향기가 난다

우물가 물고기 한 마리 와불(臥佛) 중이시다

정류장 풍경

선산 오일 장날
질매실 아지매, 장자골 아저씨, 무수골 할매
모두 장에 간다

한 벌뿐인 외출복 꺼내 입고
마늘 두 접, 콩 석 되, 깨 한 되
올망졸망 분홍 보자기 들었다

두 시간마다 오는 완행버스
손만 들면 저절로 다가와 서주는데

담뱃집 할매 보따리 제일 크다
양지쪽 뜯은 쑥 푸릇푸릇 산나물들
틀니 웃음 따라 너울너울 춤춘다

장날이면 박꽃 같은 웃음이 가득 차
버스 안이 비좁다

늦가을 북성로에서

돌로 쌓은 대구읍성 있던 자리가
일제강점기에 없어졌다 그 자리에 들어선 북성로를
늦은 가을바람 맞으며 걸어본다

한국전쟁으로 피난 온 예술가들이
문화의 꽃을 심은 북성로

화가 이중섭이 담배 연기 날리며
담배 은박지에 소 그림을 그려
은지화가로 탄생한 백록다방
초토의 시 출판기념회가 열린 꽃자리 다방

막걸리잔 기울이며 모여든 감나무집
전쟁 속 내일의 안부를 서로 묻고
폐허 속에서 탄생한 그들의 문화

전쟁 후 문인들은 서울로 돌아가고
옛 화려함 뒤로

녹슨 철제문 허름한 지붕
먼지 날리는 거리에
간판만이 덩그러니 걸려 있다

마른 가을바람에 뒹구는 플라타너스 잎만이
발에 푸석하게 밟힌다

회룡포에서 아버지 굽은 등을 보다

뭉게구름처럼
벚꽃 둥둥 떠다니는 회룡포
휘돌아 가는 물길 따라 길들은
갈래 지어 다가선다

소낙비 흠뻑 쏟아지는 하굣길
우산도 없이
오솔길 따라 먼 길 돌아왔다
바짓가랑이에 온통 달라붙은 풀들

위로의 말씀은 없었다
아버지의 꾸지람을 빗소리 대신 듣는다
야속한 마음에
바로 방엘 들어서지 못하고 엉거주춤 올라서면
댓돌 위 홍건하던 젖은 신발

항상 가장자리만 겉돌았다
빙그레 도는 회오리 물결 따라 한참 휘돌아

이제야 슬그머니 발 들여놓는다
아버지 굽은 등이 보인다

강물이 왈칵,
울음을 쏟아놓는다

저녁이라는 말이 참 따뜻하다

마당을 가로지른 빨랫줄에
저녁노을 걸리면

옥수수 한 자루 마당에 들어서고
울 밖에서 더위 먹은 소랑 강아지, 뒤뜰의 암탉
밭둑에 매어둔 까만 염소
헤엄치던 오리도 들어선다

모두가 반기며
집으로 돌아오는 저녁이라는 말이
참 따뜻하다

내 어둑한 골목길 헤맬 때
초승달과 별이 내어준 길섶에서 말없이
웃고 계신 어머니
그 품속에 안기던 먼 그 저녁

제4부

한글 공부

매주 화요일
한글 가르치러 간다

마을회관 입구 들어서면
문 밖에 마중 나와 있는
어머니 한 분

가방 성큼 받아들고 앞장서 간다
나를 한글 선생님이라 부르며
어린아이보다 초롱한 눈방울로
가슴속에 맺힌 한의 실꾸리를
한 올 한 올 풀어낸다

애기똥풀 같은 웃음 흘리시는
어머니 얼굴 위로
봉숭아 민들레
쑥부쟁이 같은 꽃이 핀다

나이팅게일 선서

코로나 19로 인해
북적이던 시장통이 한적하다
황사보다 더 무서운 것이 왔다
마스크 KF90

의료진들은
중세 로마시대 출병하는 기사처럼
머리에서 발끝까지 전투복장으로 무장했다

마스크 쓰고 몇 분이 지나자
숨이 턱 막히고 머리가 어지럽다
그런데 전신무장하고 온종일 버텨야 하다니
어느 의료진은 자신의 것을 다 포기하면서
이름도 보수도 드러내지 않고
조국 위해 전쟁터에 뛰어들었다

나는 나설 용기조차 없이
누군가의 행동에 가슴만 뭉클 젖는다

나이팅게일 선서하던
순백의 간호사복은 어디에 던져버렸는가
마스크만 꽁꽁 싸매고
사람들 뒤에 숨어 떤다

격황소서(檄黃巢書)

산벚꽃 흐드러지게 피어
뭉게구름마냥 덩실덩실 떠다닌 날
경주최씨 집성촌 옻골마을에 들어선다

최치원의 시조인
삼백 년 된 백불고택(百弗古宅)* 마루에 앉아
늙은 종손의 장황한 설명을 듣는데

뒤뜰의 라일락 향기에도 취하고
꽃잔디, 수선화, 가지마다 막 돋아나는 연둣빛 소리
가까워지는 비둘기 울음,
돌담 너머 핀 복사꽃에도 취한다

그러다 귀가 번쩍 놀란다
격황소서**를 듣다가
누구는 나라를 위해 몸을 던지고
사람의 마음도 움직이는데

나는 다른 사람 감동시키는 글 한 편
언제 써보나

---

*백불고택(百弗古宅): 대구시 동구 옻골마을에 위치한 고택. 최치원의 후손인 입향조 최동집(崔東集, 1586~1661)의 후손인 백불암 최흥원(百弗庵 崔興遠, 1705~1786)이 지었다.

*격황소서(檄黃巢書) ; 신라 헌강왕 때 최치원이 지은 『계원필경집』 20권 중 제11권의 첫머리에 수록되어 있다. 당나라 민란인 황소의 난 때 그 괴수 황소에게 항복을 권유하기 위하여 보내는 격문을 대필한 것이다. 흔히 토황소격문으로 알려진 글이다.

세한도를 보는 겨울

십이월엔 기다리면 온다더니
제주 억새 꽃밭이
파도보다 더 출렁이며
나를 기다리고 있다

거문오름길 지나
억새 꽃길 지나
추사관에 들어

세한도를 가까이서 본다
한 자 한 자 갈필(渴筆)이다
억새꽃으로 그렸나 보다

소나무 잣나무가
외롭지 않게 서로 기대어 서 있듯
겨울이 외로울까
억새꽃도 서로 어깨를 기대고 서 있다

스승과 제자
서로를 생각하는 애틋함이
억새꽃으로 외롭지 않다

이 겨울
누가 곁에 있어 주나, 나는

행복의 의미

열세 살 히말라야 소년이
설산(雪山) 아래 엄마와 짐을 나른다

깎아지른 벼랑길 지나
아득한 절벽 아래 하늘다리를 걷는다
온몸으로 칼바람에 맞서며

철없을 열세 살 소년이
하루 종일 짐을 나른다

해발 삼천오백 미터
눈부신 설산 아래
꼬박 삼 일을 걸어
모자가 받은 품삯은 고작 삼만 원

그래도 다시 길을 나서며
그들은 행복했다

왕해국(王海菊)*

너 홀로 피어나라

파도에 부딪치고
비바람 눈보라
깜깜한 어둠 받아 마시며
긴긴 밤
홀로 필 것이니

그리하여 만개한 꽃잎
독도 어귀 찬바람 돌 틈 문설주 되리니

기다리면 온다는
너를 기다리는 일

상처 받은 마음이
가녀린 등대 밝히며
보랏빛으로 짙어지리니

---

*왕해국(王海菊): 국화과에 속한 여러해살이풀.

슬픈 유품

대전 국립현충원
전사자의 유품을 본다

내 눈길이 오래도록 떠나지 않는
어느 전사자의
주머니에서 나왔다는 삼각자

지루하게도 싫었던 수학 시간
삼각형 도형 값 구하기
전쟁보다 더 무서운 수학 시간이
전쟁이라도 나서 없어졌으면 하던

그러나
전투 중인 군인의 몸에서 나온 삼각자
그 자리에 오래 서 있다

그렇다 산과 강물과의 길이를 재고
고향집으로 돌아갈 거리를 재고

죽은 국군이 남긴 삼각자
슬픈 유품을 본다

수다사(水多寺)

대웅전 앞
삼백 년을 참선으로 견딘 배롱나무
희뿌연 속살까지 환하다
곁은 사명대사께서 서 있다

승리를 기원하는
북 장구 꽹과리 징소리 울려오고
열두 발 상모놀이 어깨춤 덩실덩실
화살처럼 솟아오른 전투 풍물놀이

법당 안 염불 외는 스님
하얀 입김 날리고
단조로운 장단으로 낮게 깔리는 목탁 소리

이승의 영혼과 마지막 이별
까짓 무거운 옷가지 훌훌 벗어놓고
소신공양 중이다

꿈에 본 까마귀 한 마리
휠휠 날아오른다

---

*수다사(水多寺): 경북 구미시 무을면 상송리 연악산(淵岳山)에 있는 절. 연화사(淵華寺), 성암사(聖巖寺)라고도 함.

연악산 황톳길

마파람 불어오자
사명대사 발자취 따라 길 나선다

겨울 상수리나무 울울창창 장승처럼 서 있는
황톳길 맨발로 숲속으로 들어간다

천년의 세월 지나
사명대사 북소리
다 내려놓고 싶은 이
여기 연악산 황톳길로 오라

욕심 한 꺼풀 내려놓고
가식의 옷 훌훌 벗은 겨울나무처럼

움켜쥔 마지막 잎마저 다 내려놓고
움트는 봄날을 침묵으로 맞아보자

나직한 육환장 소리

청설모도 귀 쫑긋 세우고 듣는다
용서받고 싶은 사람이여
여기 연악산 황톳길로 오라

유심무심(有心無心)

무흘구곡(武屹九曲)* 지나 들어선 청암사(靑巖寺)

우비천(牛鼻泉)** 목을 적시고
다리를 건너간다

젊은 비구니 스님 한 분 사뿐사뿐
절 마당을 지나간다
옷자락에 가랑잎 쓸린다

스님 되는 고통이면
세속에서 못할 게 없다는 말

세속에 사는 일이
불경 닦는 일이라 생각하며

---

*武屹九曲: 조선시대 정구가 경북 성주군 수륜면에서부터 김천시 증산면에 이르는 계곡의 뛰어난 경관에 감흥하여 지은 9편의 시.

**牛鼻泉: 청암사는 소가 비스듬히 누워 있는 모습인데 그 코 부분에 맑은 샘물이 있어 이물을 마시면 재물(財物)이 찬다고 함.

무을 저수지

연악산 줄기 따라 모여드는 봇물 타고
무논에 물 들어가는 소리

둥둥 북이 울면
멀리 산골짜기
돌배나무 가지마다 구름 꽃 핀다

은하수 내려와
별빛에 머리를 감기고

메밀, 참깨
슬렁슬렁
복숭아밭 산등성이까지 향기 나른다

오래전 듣던 할머니 옛이야기
저녁노을 퍼지면
집집마다 밥 짓는 연기

고향집 툇마루

오월 햇살 내려쬐는
고향집 툇마루
아흔의 엄마와 도란도란 얘기 나눈다

흐르는 세월 속에
틀니마저 모두 벗어던진
저 선홍빛 잇몸

낡은 숟가락으로
사과 반쪽을 긁어 긁어서
맛난 웃음 지어 보이시는

그 모습 흐뭇하다
쉰 살 넘은 딸에게 자꾸만 권하는
엄마의 사랑

마음속에 겹겹이 쌓인 힘든 흔적들 위로
자꾸 쏟아져 내리는 햇살 속

어느덧

불그레한 사과즙처럼 녹아들고 있음을

가재 잡이

내 아이 어릴 적
주말마다 들르는 고향집
우리 오기를 손꼽아 기다리다
도랑에 가재 잡으러 가자는 아버지

한 양동이나 잡아올 것처럼
장화 꺼내 신고 양동이에 바가지 들고
제일 신나 하며 앞장서 내 아이 달려가고
그 뒤를 더 신나 하며 내가 뒤따르고
아버지 더딘 걸음으로 우리 뒤를 따랐다

뒤집는 돌멩이마다 뒷걸음치던
가재는 어디로 가버렸는지
소복한 다슬기랑
가슴에 까만 새끼 가득 안은 어미 가재들
모두 어디로 가버렸는지

봄마다 땅버들 싱그럽던 산골 개울

해 그림자 길어져 설핏하고
빈 양동이 들고 징검다리 건너
개망초 흐드러진 풀숲 건너 돌아오는 길

양동이에 건져온 것은
푸른 하늘과 흰 구름 몇 쪽뿐이었지만

그 후 몇 번이나 더 들른 고향집
아버지 가재 잡으러 가자는 말씀 있을 리 없고
빈 마당 지키는
돌배나무도 점점 기력이 약해지고

관계

책상 아래
이리저리 얽힌 전선(電線)들

까맣고 흰, 굵고 가는 선들이
구별이 안 된다
차분하게 한 가닥씩 풀어야 한다

그렇다, 사람과의 관계도
엇나간 인연도 애쓰면 더 꼬인다

한번 뒤틀리기 시작하면
걷잡을 수 없이 얽혀 버린다

긴 줄 짧은 줄 찾아 들어가듯
내 마음보다
상대방의 마음을 느긋하게 당기듯
찾아 들어가야 한다

해설

회고적 향토서정과 화초와 수목, 그리고 불교

공광규 시인

1.

정연숙 시인은 2021년 등단하여 강원일보 주관 〈DMZ문학상〉을 수상했다. 시집『뻐꾸기가 한낮에 우는 이유』는 그의 첫 시집이다. 시집 원고를 다 읽고 나서, 그만의 창작 방법 특징을 몇 가지 소략할 수 있게 되었다. 첫째는 지금으로부터 한두 세대 이전 우리나라 농경사회에 대한 회고적 향토서정이다. 그다음은 화초와 수목 등 자연 제재를 풍부하게 수용한 친자연적 진술이고, 마지막으로 할머니나 어머니에게서 물려받은 체화된 불교 관습과 거기서 발화한 자비와 생명관이다.

그의 상당수 시에는 과거 농경사회에서 자란 흔적이 보인다. 돌담과 우물, 싸리 대문과 마당 등 시골의 가옥과 쇠죽 끓이기와 코뚜레 등 시골마을에서 일어나는 사물이나 사건들이 적실하게 묘사되고 있다. 특히 정연숙의 시에는 시골에서 어머니나 아버지를 중심으로 한 시편들이 많다. 유아기와 소녀기를 거치면서 어머니나 아버지와 친밀감 높은 일상을 보낸 흔적이 동화처럼 아름답다. 뿐만 아니라 할아버지와 언니, 마을 사람들과도 무리 없이 선한 관계를 가지면서 정순하고 후덕한 인간으로 성장한 흔적이 시편 속에 여실히 나타난다.

2.

정연숙은 시를 통해 자신의 고향과 가족 일화를 회고적 정서로 복원해내는 데 익숙한 시인이다. 시인들의 고향과 유년은 시의 친숙한 제제다. 많은 시인들이 초기 시에서, 아니면 만년의 시까지 고향을 언급하거나 유년의 기억을 회고하는 내용의 시를 쓴다. 이는 고향과 유년이 시인의 근원적 정서를 형성하는 데 커다란 영향을 미치기 때문이다. 그렇기 때문에 고향과 유년의 기억이 생생하고 다양할수록, 이야기가 풍부한 시를 쓸 수 있는 가능성이 많다.

대부분 시인들처럼 정연숙 역시 시골인 고향을 배경으로 어머니와 아버지에 대한 많은 추억을 가지고 있다. 유년 시절 가장 가까이에서 가장 빈번한 신체접촉과 정서적 교감을 할 수 있는 상대이기 때문일 것이다. 당연히 그의 많은 시편 속에 어머니와 아버지를 중심으로 한 일가족이 출현한다. 그리고 향토적 자연을 배경으로 친족들과 다정다감한 시간을 보낸 흔적이 나타난다.

함지박 이고 가는
언니 뒤를
찌그러든 주전자 들고 따라 나선다

구불구불 좁다란 논둑길 위로
넘어질까 조심스레 종종걸음 치면

일하다 만
흙 묻은 손 털고
반겨주는 어머니

함지박 앞에 둥그렇게 모여 앉은
동네 어른들

보리밥 한 숟갈 움푹 파
허공으로 고수레
한 그릇 밥 뚝딱 해치우면

논둑길 위에
따순 인정이 꽃핀다

멀리서 뻐꾸기 울음소리
한나절이 기울고 있다

—「뻐꾸기가 한낮에 우는 이유」 전문

산업화가 촉발되면서 사람들이 도회지로 몰려드는 도시화 이전, 지금으로부터 한두 세대 이전의 농촌 모습을 여실하게 보여주고 있다. 정연숙이 빚어낸 가장 빛나는 회고적 향토서정 가운데 하나가 위에 인용한 표제시 「뻐꾸기가 한낮에 우는 이유」일 것이다. 지금과는 다른 한두 세대 전 우리 농경사회 모습을 쉬운 문장으로 적실하게 묘사하고 있다. 시골에서 자란 대부분 사람들이 이런 경험을 했을 것이다. 1연에서 화자는 함지박을 이고 가는 언니 뒤에서 주전자를 들고 따라간다. 어머니가 함지박과 주전자를 들고 오는 두 딸을 반기고, 논에서 일을 하던 동네 사람들이 함지박에 둘러앉아 밥을 먹는다. 그리고 뻐꾸기의 울음소리와 함께 한나절이 기울고 있다.

또 다른 시 「탕약」에서는 "무슨 큰일이나 하시는 것처럼/얼굴 근육을 잔뜩 굳히고" "약탕관에 연신 부채질"을 하는 아버지를 과거에서 소환하고 있다. 진하게 우려낸 즙액을 화자에게 마시게 하는 정성과 노력을 기울이는 모습을 묘사하고 있다. 「아부지 생각」에서는 구부러진 논둑길에 아버지의 구부러진 등을 유추한다. 구부러진 논둑에서 형성된 아버지의 둥글게 구부러진 등에서 "무디어진 삽날", 닳은 "숫돌", "싸릿대 구부려 만든 채반"을 발견한다. 구부러진 논둑—등이 구부러진 아버지—무디어 휘어진 삽날—닳아 구부러진 숫돌—싸릿대를 구부려 만든 채반은 유사성을 통한 비유다.

돌배꽃 하얗게 핀 봄날
돌배나무 꽃그늘 아래
옹기종기 친구들과 공기놀이 할 때

마당을 느리게 가로질러 가던 할아버지
'장래 시엄씨 마않다!'

—「시엄씨」 부분

이 시는 하얀 돌배꽃과 그 꽃그늘 아래 노는 아이들을 통해 향토적 서정을 강화한다. 시인은 이 시에서는 할아버지를 호명한다. 화자를 비롯해 친구들과 공기놀이를 하며 놀고 있는 것을 보고, 할아버지는 처녀와 며느리를 뛰어넘어 "장래 시엄씨" 같다고 한다. 자연과 인물, 또 시간의 비약을 이야기하고 있는 것이다. 한 세월이 잠깐이라는 시인의 인식을 잘 드러내고 있는 시다. 이처럼 「뻐꾸기가 한낮에 우는 이유」에서는 함지박, 보리밥, 논둑길, 뻐꾸기 울음을, 「탕약」에서는 툇마루, 약탕관을, 「아부지 생각」에서는 논둑길, 삽날, 숫돌, 채반을, 「시엄씨」에서는 돌배꽃, 공기놀이를, 그리고 다른 많은 시들에 출연하는 농촌의 어휘들이 독자를 향토적 서정에 물들게 한다.

3.

시는 자기 체험의 반영이다. 농경사회의 풍성한 자연 환경에 둘러싸여 시골에서 자란 정연숙의 시에는 화초와 수목, 동물 등 자연 사물이 많이 등장한다. 도시화된 환경에 포위되어 사는 요즘 시인들이 많이 잊어버리고 있는 것들이다. 그는 「한글 공부」에서 인물의 표정을 꽃에 비유한다. 화자가 한글 공부를 가르치러 가는 마을회관 입구에 마중 나와 있는 할머니의 표정을 꽃으로 비유하여 묘사하고 있다. 웃음을 애기똥풀로, 얼굴 표정을 봉숭아, 민들레, 쑥부쟁이 꽃으로 비유한다.

선산 오일장 풍경을 묘사한 「정류장 풍경」에서는 "양지쪽 뜯은 쑥 푸릇푸릇 산나물들/틀니 웃음 따라 너울너울 춤춘다"며 "장날이면 박꽃 같은 웃음이 가득 차/버스 안이 비좁다"고 한다. 산나물이 담뱃집 할매의 틀니 웃음에 반응하고, 박꽃을 장에 나온 사람들의 웃음으로 비유한다. 아래 시는 흔히 만날

수 있는 자연 사물인 꽃을 제재로 하고 있다.

> 소공원 앞 연분홍 벚꽃 활짝 피었다
> 세상이 환하다
>
> 저승에서 이승으로
> 아버지가 피워 올렸을지도 모를 저 꽃들
> 가까이서 보니 매화다
>
> 처녀 적 완행버스 타고 돌아오던 길
> 먼 산등성이
> 복사꽃 보고 왈칵 울음 터뜨렸던 기억
> 여기서 만난다
>
> —「매화는 왜 피는가」 부분

꽃은 전통적 서정시에서 자주 동원되는 제재다. 화자는 세상이 환하도록 활짝 핀 벚꽃이 저승에서 이승으로 피워 올린 아버지일지도 모른다는 추정을 한다. 그런데 가까이 가보니 매화다. 화자는 다시 매화에서 처녀 적 버스를 타고 집에 돌아오던 길에 만난 복사꽃을 보고 울음을 터뜨렸던 기억을 떠올린다. 화자는 매화를 벚꽃으로 착시하고, 복사꽃을 통해 과거를 회감한다. 이렇게 시는 대상을 과학적으로 분석하기 이

전에 대상을 환기하는 역할을 한다. 대상이 무슨 꽃인지 따져 보는 이성보다 감성이 앞선다.

그래서 시에는 과학적 오류를 어느 정도 허용한다. 그의 다른 시에는 "뭉게구름처럼/벚꽃 둥둥 떠다니는 회룡포"(「회룡포에서 아버지 굽은 등을 보다」)가 있고, "우물가 앵두나무/봄마다 앵두꽃 뽀얗게 물들이"고, "마당가 돌배나무 더 하얗게 흰 꽃 피워/온통 마당은 꽃비가 되"(「돌배나무 집이 그립다」)는 시골집 마당이 있다. 그의 시에는 시골의 화초와 수목만 있는 것은 아니다. 동물도 있다. 아래 시는 시골에서 키우는 동물을 소재로 등장시킨다.

> 마당을 가로지른 빨랫줄에
> 저녁노을 걸리면
>
> 옥수수 한 자루 마당에 들어서고
> 울 밖에서 더위 먹은 소랑 강아지, 뒤뜰의 암탉
> 밭둑에 매어둔 까만 염소
> 헤엄치던 오리도 들어선다
>
> 모두가 반기며
> 집으로 돌아오는 저녁이라는 말이
> 참 따뜻하다

—「저녁이라는 말이 참 따뜻하다」 부분

한두 세대 이전 시골 풍경을 묘사하고 있다. 전형적인 우리나라 농촌에서 키우는 소, 강아지, 암탉, 염소, 오리 등 동물이 등장한다. 이런 동물들은 농경을 중심으로 한 향토적 서정을 강화한다. 저녁이 되어 노을이 마당을 가로질러 있는 빨랫줄에 걸리면, 사람은 옥수수를 수확해서 집 안으로 들여오고, 밖에 풀을 뜯어먹거나 먹이를 찾아다니던 짐승들 역시 집으로 돌아온다. 농경사회의 저녁 풍경이다. 이런 환경에서 자란 화자는 저녁이 오면, 과거 따뜻한 기억이 떠올라 마음이 덥혀져 따뜻해진다고 한다.

「격황소서(檄黃巢書)」라는 시에는 꽃과 짐승이 같이 등장한다. 계절을 나타내는 산벚꽃이 흐드러지게 피어 있다. 라일락 향기와 꽃잔디, 수선화와 복사꽃이 있다. 거기에 비둘기 울음이 있다. 정연숙의 시를 읽다 보면 자연과 인간을 서로 회통시키는 언어의 방식으로 시를 발명했을지도 모른다는 생각이 든다. 자연과 인간이 회통하는 과정에서 서정이 발생한다. 이를테면 왜관 전통시장 좁은 골목에 둘러앉아 모여서 화투를 치는 광경을 노래한 「해 뜨는 사진관 5—봄」에서 시인은 인간과 자연이 서로 반응하고 회통하는 모습을 아래와 같이 묘사한다.

빙 둘러앉아 화투 친다

번쩍 든 오른손이 힘차게 내리친다

화들짝 놀란 목단이

꽃을 피운다

꽃무늬 스웨터가

빨갛게 웃는다

—「해 뜨는 사진관 5—봄」 부분

시인은 사람들의 행위와 그 행위에 반응하여 놀라서 화들짝 피는 꽃과 그 꽃을 보고 웃는 사람을 서로 회통시킨다. 만물의 근원이 사람이든 식물이든 꽃이든 같다는 시인의 사물관이 투영된 시라 할 수 있다.

4.

정연숙 시집에 여러 편의 불교 제재 시들이 보인다. 이를테면 「시금치를 데치며」 「빨랫방망이」 「연악산 황톳길」 「수다사(水多寺)」 「유심무심(有心無心)」 「교복을 다리며」 등이다. 불교는 오래전 외래한 종교이긴 하지만 우리의 오래된 전통이다. 오래된 만큼 어딘지 모르게 진부해 보이고, 왠지 늙어 보인다. 그러나 오해다. 현대 생활에서도 불교는 유효한 가치고 정신이며 시적 방법이다.

시에 나타나듯 어머니로부터 내림을 받은 정연숙의 불교는 고향과 향토적 서정 세계에 의미를 더해준다. 이를테면 「시금치를 데치며」에는 시인이 자신의 어머니에게서 내림으로 받은 불교의 생명관이 잘 드러난다. 화자가 시금치 데친 뜨거운 물을 버리려다가 "야야, 뜨신 물 하수구에 버리지 마라. 지렁이 눈먼다."는, "생명의 소중함을/한낱 미물에게도 빗대는" 어머니의 말씀을 귓전으로 듣는다. 아무튼 정연숙의 체화된 불교에 대한 생각은 회고적 고향 서정과 화초와 수목을 중심으로 한 자연사물이 시의 깊이를 더해준다.

우물가 귀퉁이 빨간 비늣갑 위
성불(成佛)한 물고기 한 마리 누워 있다

산사(山寺) 대웅선 부연 끝에 매달려 있을
물고기가
두 눈 부릅뜨고
우물 옆에 내려와 있다

제 몸을 공양하여
때 묻은 걸레 수건 옷가지들

말갛게 빨아놓았다

야윌 대로 야위어 뼈만 앙상하다
온통 상처투성이다
죽은 나무에서 향기가 난다

우물가 물고기 한 마리 와불(臥佛) 중이시다

—「빨랫방망이」 전문

정연숙은 우물가 빨랫방망이에서 마른 북어와 유사한 물고기를 상상해낸다. 필자가 아는 한, 빨랫방망이를 성불한 물고기로 상상하고 호명한 시인은 정연숙이 처음일 것이다. 일상에서 처처부처를 발견하는 정연숙의 불심이 발현된 명품이다. 풍경은 산사 부연 끝에 매달려 바람 불 때마다 맑은 종소리를 내는 불구 가운데 하나다. 풍경을 매달아 소리를 내게 하는 이유는 가까이에 절이 있음을 알려주거나, 사람이 살고 있는 곳이니 산짐승들에게 피해가라는 의미라고도 한다.

풍경에 물고기 형상을 매달아 놓는 또 다른 이유는 항상 물고기처럼 눈을 뜨고 있으라는, 항상 깨어있으라는, 즉 밤낮 가리지 말고 쉼 없이 공부를 하라는 의미라고 한다. 화자는 우물가에 놓여 있는 빨랫방망이에서 마른 물고기를 상상한다. 산사 부연 끝에 매달려 있어야 하는 물고기가 우물가로 내려왔다는 것이다. 이유는 더러운 빨래를 두드려 깨끗하게 하기 위해서다. 빨랫방망이는 스스로 낮고 더럽고 사람들이 모이는 곳으로 내려와 대상을 깨끗하게 하는, 자기를 희생하여 타인을 청정한 부처의 세계로 이끄는 보살과 비유된다. 하화중생의 정신을 우물가 닳아빠진 빨랫방망이에 비유한 걸작이다.

또 다른 시 「수다사(水多寺)」는 사찰 대웅전 앞 배롱나무를 제재로 하고 있다. 배롱나무를 삼백 년 동안 참선하며 견딘 나무라니, 사찰 역사가 오래되었음을 암시한다. 시의 내용은 수다사가 사명대사와 관련이 깊다는 정보를 주고 있다. 수다사는 경상북도 구미시 무을면 연악산에 있는 절이다. 남북국시대 통일신라의 승려 진감국사가 창건한 사찰로 알려졌다. 이 절은 1572년(선조 5년)에 사명당이 극락전을 중수한 뒤 대웅전이라 개칭하고 수다사(水多寺)라 하였다고 한다. 임진왜란 때에는 이곳에서 1만여 명의 의승(義僧)이 모여 의국법회(義國法會)를 개설하였다. 사명당은 임진왜란 당시 그의 스승 서산대사와 함께 의승을 이끌고 전투에 참여해 전공을 세운 최고의 승병장이었다. 화자는 수다사에서 사명당을 회고하고, 상상력을 발휘해 사명당이 의승들을 모아 승리를 기원하는 "전투 풍물놀이"를 실감나게 떠올린다.

「연악산 황톳길」은 연악산 황톳길 풍광을 서정적으로 형상하고 있다. 연악산과 인연이 있는 사명대사 발자취를 맨발로 따라가는 화자 주변에는 "겨울 상수리나무"가 "울울창창 장승처럼 서" 있다. 이 길을 가면서 화자는 "사명대사 북소리"를 상상하고 사명대사가 짚으며 산길을 오갔을 "육환장 소리"를 상상한다. 육환장은 도력이 높은 스님의 외출용 지팡이다.

지팡이 머리에 여섯 개의 둥근 고리를 단 육환장은 몸을 의지하는 수단이기도 하지만, 사람이 지나가고 있다는 신호를 다른 사람이나 뭇짐승들에게 보내기 위한 것이라고 한다. 화자는 사명대사가 육환장을 짚고 지나가는 소리에 "청설모도 귀 쫑긋 세우고 듣는다"고 한다. 현재의 화자와 오래전 사명대사와 청설모가 시공을 넘어 연악산 황톳길 공간에서 회통하고 있다. 시공이 무색하다는 불교적 암유다.

> 무흘구곡(武屹九曲) 지나 들어선 청암사(靑巖寺)
>
> 우비천(牛鼻泉) 목을 적시고
> 다리를 건너간다
>
> 젊은 비구니 스님 한 분 사뿐사뿐
> 절 마당을 지나간다
> 옷자락에 가랑잎 쓸린다
>
> 스님 되는 고통이면

세속에서 못할 게 없다는 말

세속에 사는 일이
불경 닦는 일이라 생각하며

—「유심무심(有心無心)」 전문

인용 시에서 시인은 승속이 따로 없음을 형상하고 있다. 스님의 세계와 세속의 세계가 다름없다는 것이다. 스님 되어 참선이나 기도를 하는 것도 고통이고 세속에 사는 것도 고통이다. 모두가 사바의 고통 속에 산다. 화자는 청암사에 들어서고, 다리를 건너가다가 "젊은 비구니 스님 한 분"을 본다, 비구니가 "사뿐사뿐/절 마당을 지나"가는데 "옷자락에 가랑잎 쓸린다"는 묘사가 일품이다. 1~3연이 서경이라면 4~5연은 서정이다.

시인이 전달하려는 의도가 후반에 실려 있다. 전경후정의 구성 방식이다. 산속에서 불경을 닦는 것도 고통이고, 세속에서 살아가는 일도 불경을 닦는 일과 같다는 메시지다. 팔만대장경을 한마디로 축약하면 마음이다. 마음은 유심과 무심의 경계가 없다. 유심이 곧 무심이고 무심이 곧 유심이다.

5.

정연숙 시의 특징을 세 갈래로 나누어 살펴보았다. 첫째로, 시인은 한두 세대 이전 우리나라 농경사회의 향토적 서정을 시골의 가옥과 그에 따르는 사물들, 농사일, 마을 일화를 통해 적실하게 표현하고 있다. 특히 어머니와 아버지 등 친족과 마을 사람들을 중심으로 연결된 공동체의 정겨운 서사를 시를 통해 적극적으로 드러내고 있다. 이런 환경 속에서 어린 시절을 보낸 시인의 지고지순한 감성과 덕성을 시 문장에서 확인할 수 있다.

두 번째로, 정연숙은 시 문장에 화초와 수목 등 자연 제재를 풍부하게 등장시키고 있다. 자연 제재는 서정성을 강화하는 데 큰 도움을 준다. 어렸을 때 기억을 소환해 쓴 시들은 마을이나 농경지 주변의 돌배꽃 등이고 현재 시점의 꽃들은 꽃잔디와 라일락 등으로 도시화된 지방 중소도시의 화초와 수목을 언명한다. 예로부터 많은 시인들이 시의 제재로 활용했던 화초와 수목은 아직도 유효하며, 독자의 눈을 싱싱하고 풍요롭게 하는 데 도움을 준다.

마지막으로 정연숙의 시에는 어머니로부터 물려받아 체화된 불교가 시의 행간 속에 잘 녹아 있다. 시에 자연스럽게 수용된 불교 제재는 회고적 고향 서정과 화초와 수목을 중심으로 한 자연 사물에 시의 깊이를 더해준다. 요즈음 사람답지 않게 미물의 생명까지 염려하는 시인의 지극한 보살행이 아름답다. 결국 정연숙이 추구하는 서정의 세계는 현대 사회의 지나친 경쟁과 대립을 지양하고 회복해야 할 생태적 삶과 순진과 무구, 덕성과 심성이 살아있는 화엄 세계인 것이다.

문학의전당 시인선 351

빼꾸기가 한낮에 우는 이유

초판 1쇄 인쇄 2022년 7월 26일
초판 1쇄 발행 2022년 7월 29일
지은이 정연숙
펴낸이 고영
디자인 헤이존
펴낸곳 문학의전당
출판등록 제448-251002012000043호
주소 충북 단양군 적성면 도곡파랑로 178
전화 043-421-1977
전자우편 sbpoem@naver.com

ISBN 979-11-5896-555-6 03810

*이 시집은 2022년 경북문화재단 지역문화예술활성화지원사업의 지원을 받아 제작되었습니다.